내 손으로 만드는 나만의 놀이책

뚠뚠뚠토이의 전래동화 종이놀이북

서경남 지음

다락원

내 손으로 만드는 나만의 놀이책

뜬뜬뜬퉁이의 전래동화 종이놀이북

지은이 서경남
그린이 서경남
펴낸이 정규도
펴낸곳 ㈜다락원

초판 1쇄 발행 2025년 10월 31일

편집장 최운선
편집 조선영
디자인 싱아

다락원 경기도 파주시 문발로 211
내용문의 (02) 736-2031 내선 276
구입문의 (02) 736-2031 내선 250~252
Fax (02) 732-2037

출판등록 1977년 9월 16일 제406-2008-000007호

ISBN 978-89-277-4825-0 (13630)

http://www.darakwon.co.kr
다락원 홈페이지를 통해 인터넷 주문을 하시면 자세한 정보와 함께 다양한 혜택을 받으실 수 있습니다.

안녕하세요. 종이놀이 콘텐츠 크리에이터 뚠뚠토이입니다.

뚠뚠토이의 놀이책 시리즈 1탄 《뚠뚠토이의 몰랑몰랑 스퀴시북》과 2탄 《뚠뚠토이의 키득키득 종이놀이북》에 이어 3탄 《뚠뚠토이의 두근두근 직업놀이북》까지 많이 사랑해 주신 덕분에 새로운 책으로 또 인사드리게 되었습니다.

올해도 색다른 도안집으로 여러분을 찾아뵐 수 있어 너무 행복하고 설레는 마음이에요. 이 모든 건 도안을 새로 창작하고 만들 때마다 좋아해 주시고, 응원해 주신 여러분 덕분입니다. 이 자리를 빌려 정말 감사하다는 말씀 전하고 싶어요.

이번 《뚠뚠토이의 전래동화 종이놀이북》은 오직 책에서만 만날 수 있는 미공개 도안 5종을 모아놓은 도안집이에요. 어디서든 가볍게 들고 다닐 수 있도록 분량을 줄이고, 유쾌한 전래동화 컷 만화를 넣어 재미를 더했어요. 게다가 컬러링 도안과 스티커까지 담았답니다.

자, 이제 책을 펼쳐서 마음에 드는 도안을 하나 골라 보세요. 그 도안을 코팅하고, 오리고, 만들면 나만의 멋진 전래동화 놀이북을 만들 수 있어요. 참! 만들기를 할 때는 책 속의 QR 코드도 찍어 보세요. 뚠뚠토이 캐릭터들의 엉뚱하고 기발한 상황극과 함께 자세한 만들기 방법을 볼 수 있거든요.

놀이책을 다 만들었다면 각 전래동화의 등장인물과 줄거리도 살펴보고, 컬러링 도안도 색칠해 보세요. 재미있게 놀이를 즐기는 사이, 전래동화를 통해 교훈과 지혜를 얻을 수 있을 거예요.

그럼 지금부터 귀염둥이 뚠뚠 친구들과 재미있는 만들기를 시작해 볼까요?

크리에이터_ 뚠뚠토이 서경남

모든 도안은 책에 맞춰 재작업했기 때문에
만들기 사진, 영상 속 도안과 일부 다를 수 있습니다.

차례

PART 1 뚠뚠토이 종이놀이북 만들기 ⭐ 12

01

착한 마음은 복을 불러와요!
흥부와 놀부 종이놀이북

⭐ 14

02

정직한 마음이 가져온 선물!
금도끼 은도끼 종이놀이북

⭐ 22

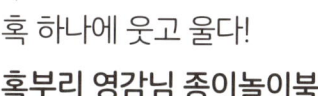

재료 준비하기

종이놀이북을 만들기 전에 필요한 재료들을 살펴보아요. 어떤 재료가 필요하고, 또 그 재료들을 언제 사용해야 하는지 미리 확인하면 만들기가 좀 더 쉬워질 거예요.

 **도안 코팅하기** --○

손코팅지

코팅 기계가 없어도 손코팅지만 있으면 손쉽게 코팅할 수 있어요. 코팅지 뒷면의 비닐을 떼어 낸 다음, 접착 면을 도안 위에 겹쳐 붙이면 돼요.

+Tip 비닐을 떼고 붙일 때, 정전기로 인해 코팅지가 종이에 척 달라붙어요. 그러면 원래 붙이려던 곳과 다른 곳에 붙을 수도 있답니다. 비닐을 조금만 벗기고 도안 위에 위치를 맞춘 다음, 나머지 비닐을 떼어 주면 실수하지 않고 붙일 수 있어요.

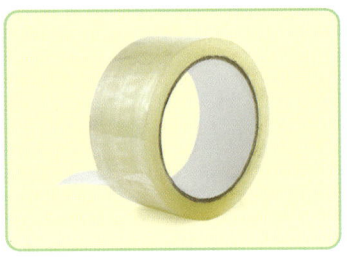

투명 박스테이프

일상생활에서 흔하게 쓰는 투명 박스테이프로도 코팅할 수 있어요. 특히 접어야 하는 도안이나 작은 소품 도안들은 투명 박스테이프로 코팅하면 좋아요. 코팅지보다 얇아서 놀이할 때 소품을 붙였다, 떼었다 하기 편해요.

 **도안 오리기** --○

가위

대부분의 도안을 오릴 때 사용하는 도구예요. 손에 딱 맞고 잡기 편한 가위를 준비하면 도안 오리기가 편할 거예요.

칼, 커팅 매트

칼은 주로 도안에 칼집을 내거나 구멍을 뚫어야 할 때 사용해요. 이때 책상에 커팅 매트를 깔면 도안이 움직이지 않고 책상에 흠집이 남지 않아요.

+Tip 칼은 위험하니까 꼭 주의해서 사용하거나 어른의 도움을 받아요.

🐡 도안 붙이기

풀

주로 코팅하지 않은 종이끼리 붙일 때 사용해요.

+Tip 물풀을 사용하면 종이가 울퉁불퉁해져서 딱풀을 추천해요.

투명테이프

우리가 일상생활에서 흔하게 쓰는 투명테이프예요. 책 도안끼리 연결하거나 책 도안에 소품 도안을 겹쳐 붙일 때, 또는 소품을 만들 때 사용해요.

+Tip 투명테이프 전용 디스펜서를 이용하면 투명테이프를 원하는 길이만큼 쉽게 자를 수 있어서 편해요.

도안의 곡선 부분에 투명테이프 붙이는 방법

곡선 부분에서는 투명테이프가 깔끔하게 접히지 않아요. 이때 투명테이프에 가위집을 낸 후 하나씩 붙이면 곡선 모양에 딱 맞게 붙일 수 있어요.

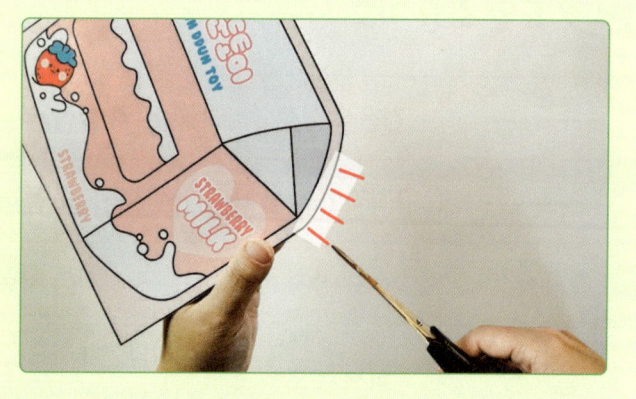

양면테이프

뒷면에 종이가 붙어 있는 일반 양면테이프예요. 접착력이 강해서 붙였다, 떼었다 하는 도안보다는 고정해야 하는 도안에 사용해요.

투명 양면테이프

일반 양면테이프보다 접착력이 강하지 않아요. 그래서 붙였다, 떼었다 해야 하는 소품 도안에 사용하기 좋아요.

만들기 기호 살펴보기

종이놀이북을 만들 때 사용하는 기호를 알려 줄게요. 한번 잘 살펴보고 만들기를 시작해 보아요.

 ## 도안 코팅 기호 ·····

코팅지 / 앞면	손코팅지로 도안의 앞면만 코팅해요.
코팅지 / 양면	손코팅지로 도안의 앞면을 코팅한 다음, 뒷면도 똑같이 코팅해요.
박스테이프 / 뒷면	투명 박스테이프로 도안의 뒷면만 코팅해요. ➡ 박스테이프 코팅이 번거롭다면 손코팅지로 코팅해도 좋아요.

★ 한 장의 도안을 각각 다른 방법으로 코팅해야 할 경우, 쉽게 구분할 수 있도록 분리해 두었어요. 도안 위에 기호를 보고 해당 방법으로 코팅해 주세요.

 ## 도안 조립 기호 ·····

———	검은색 실선	테두리의 실선을 따라 가위나 칼로 도안을 오려요.
- - - - - - -	규칙적인 점선	점선이 안으로 들어가게 접어요.
1	숫자 상자	같은 숫자끼리 서로 마주 보도록 붙여요.
▬	회색 네모	투명 양면테이프를 붙여요. 주로 붙였다, 떼면서 노는 소품 도안에 있어요.
▬	검은색 네모	양면테이프를 붙여요. 주로 단단하게 고정시켜야 하는 도안에 있어요.
	투명 그림	책 도안에 채색이 연하게 된 부분이 있어요. 이 투명 그림 자리에 같은 그림의 도안을 붙여 배경을 완성해요.

뚠뚠토이 친구들 만나기

《뚠뚠토이의 전래동화 종이놀이북》에는 다양한 캐릭터 친구들이 등장해요. 지금 바로 만나 볼까요?

옹이 새침하고 까칠해 보이지만, 사실 여린 마음을 가지고 있는 사랑스러운 고양이예요.

용식이 동글동글 귀여운 얼굴처럼 순수한 마음을 가진 아기 공룡이예요. 느릿한 말투가 매력적이랍니다.

달봉이 살짝 무심해 보이지만, 항상 묵묵히 친구들 곁을 지키는 듬직한 곰돌이예요.

포포 토실토실 귀여운 하얀 곰 인형이예요. 친구들이 장난쳐도 너그러운 마음으로 이해해 주는 착한 친구예요.

탱이　모두에게 친절한 따뜻한 성격의 곰돌이예요.
　　　배려심이 넘치죠.

뚠이　새하얀 털과 쫑긋한 두 귀가 매력적인 토끼예요.
　　　가끔 엉뚱한 면이 있어서 귀여워요.

구미미　솔직하고 당당한 성격의 꼬마 여우예요. 때로
　　　거침없는 행동으로 사람들을 웃게 만들어요.

꾸리　애교 만점 사랑둥이 개구리예요.
　　　이 세상에서 친구들과 노는 걸 제일 좋아해요.

깜냥이 예리한 눈빛을 지닌 검은 고양이예요.
눈빛만큼 뛰어난 관찰력을 가지고 있답니다.

부기 정이 많고, 구수한 매력을 가진 거북이예요.
항상 밝은 미소를 띠고 있죠.

제리 노란색 레몬 젤리곰이에요. 시원시원한 성격으로
친구들 사이에서 인기가 많아요.

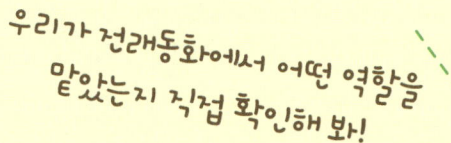

우리가 전래동화에서 어떤 역할을
맡았는지 직접 확인해 봐!

하니 분홍색 딸기 젤리곰이에요. 때로 친구에게 날카로운
말을 하지만, 누구보다 친구를 소중하게 생각해요.

PART 1

뚠뚠토이
종이놀이북
만들기

등장인물

흥부

흥부 아들

흥부 딸

놀부

제비

줄거리

부자지만 욕심 많은 형 깜냥이와 가난하지만 착한 동생 용식이가 살았어요.

어느 날, 용식이와 가족들은 구렁이 때문에 다친 제비를 발견하고 치료해 줬어요.

감사해요!

건강해진 제비는 꾸벅 인사하며 집으로 돌아갔지요.

이듬해 봄, 건강해진 제비가 돌아와 용식이에게 박씨를 선물로 줬어요.

우와~!!

가을이 되고 용식이가 박을 타자, 금은보화와 귀한 옷들이 마구 쏟아졌어요.

이 소식을 들은 깜냥이는 일부러 제비 다리를 부러뜨리고 치료해 줬어요.

혼 좀 나 봐라!

으악, 깜냥이 살려!

이듬해에 깜냥이도 선물받은 박을 탔지만, 도깨비한테 혼쭐 나고 거지가 되고 말았어요.

내가 미안해, 동생아. 흑흑.

반성한 깜냥이는 용식이에게 사과했고, 두 가족은 오순도순 행복하게 지냈답니다.

01 착한 마음은 복을 불러와요!
흥부와 놀부 종이놀이북

제비가 박씨를 물고 용식이를 찾아왔어요. 작년에 마음씨 착한 용식이가 다리를 다친 제비를
도와줬거든요. 둘한테 어떤 일이 있었는지, 앞으로 어떤 일이 일어날지 함께 살펴볼까요?

박씨를 심으면
놀라운 일이
일어날 거예요!

만들기 재료

도안지   손코팅지

투명테이프   투명 양면테이프   박스테이프

딱풀   칼   가위

01

도안에 나와 있는 기호를 참고하여 코팅해요.

 헷갈린다면 8쪽의 만들기 기호 설명을
다시 한번 읽어 보세요.

02

코팅한 도안을 예쁘게 오려요.

03

뒷면에 숫자가 적힌 도안을 준비해요. 뒷면에 풀을 바르고, 같은 숫자끼리 마주 보게 붙여요.

04

앞서 붙인 **1**, **2** 도안을 나란히 놓고, 가운데를 투명테이프로 연결해요.

 두 도안 사이에 살짝 틈이 있게 붙이면
책이 잘 접혀요.

 도안을 도안 오른쪽에 놓고, 투명테이프로 나란히 이어 붙여요.

💡 두 도안 사이에 살짝 틈이 있게 붙이면 책이 잘 접혀요.

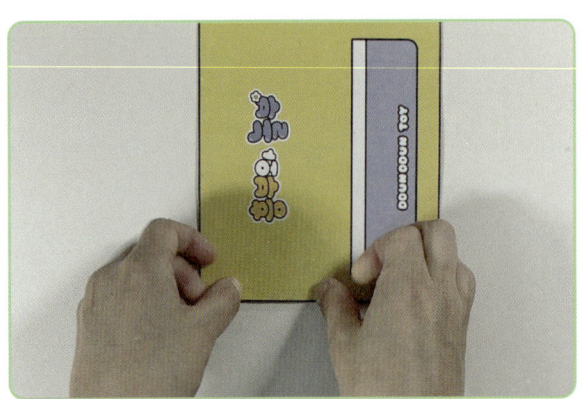

06

연결한 도안을 덮고, 양쪽 책등에 투명테이프를 감싸듯 붙여서 튼튼하게 만들어요.

💡 오른쪽 도안을 먼저 덮고, 왼쪽 도안을 덮어요.

07

투명한 밥상 그림 위에 같은 그림의 도안을 겹쳐요. 그리고 밥상의 왼쪽과 오른쪽, 아래쪽에만 투명테이프를 붙여요.

💡 밥상 뒤로 캐릭터가 쏙 들어가요.

08

투명한 제비 집 그림 위에 같은 그림의 도안을 겹쳐요. 그리고 제비 집의 왼쪽과 오른쪽, 아래쪽에만 투명테이프를 붙여요.

💡 제비 집 안으로 캐릭터가 쏙 들어가요.

09

놀부의 집을 열었다, 닫았다 할 수 있도록 집의 위쪽에만 투명테이프를 붙여요.

 집의 안쪽과 바깥쪽 모두 테이프를 붙여야 튼튼해요.

10

소품 도안 뒷면에 투명 양면테이프를 붙인 다음, 책에다가 정리해요.

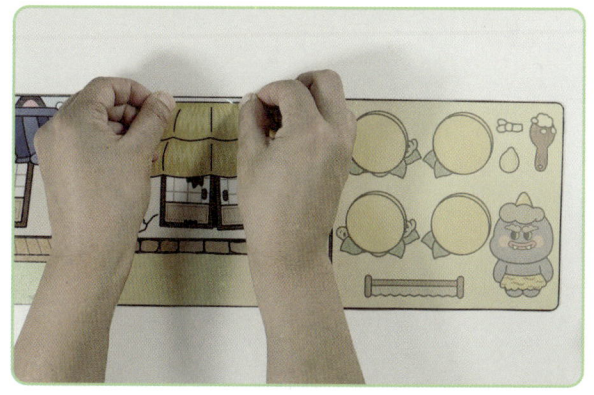

11

흥부의 집을 열었다, 닫았다 할 수 있도록 집의 위쪽에만 투명테이프를 붙여요.

 집의 안쪽과 바깥쪽 모두 테이프를 붙여야 튼튼해요.

12

박에 짧은 빨간색 선이 있어요. 선을 따라 칼집을 내요.

 칼은 위험하니까 어른의 도움을 받아요!

13

칼집 안으로 박의 뚜껑을 끼워 넣어요.

14

박을 열었다, 닫았다 할 수 있도록 박에 투명테이프를 붙여요.

 박의 안쪽과 바깥쪽 모두 테이프를 붙여야 튼튼해요.

15

소품 도안 뒷면에 투명 양면테이프를 붙인 다음, 박 속에 정리해요.

16

소품 도안 뒷면에 투명 양면테이프를 붙인 다음, 책에다가 정리해요.

 17

뒤표지의 투명한 주머니 그림 위에 같은 그림의 도안을 겹쳐요. 그리고 주머니의 왼쪽, 오른쪽, 아래쪽에만 투명테이프를 붙여요.

 18

투명 양면테이프를 이용해 캐릭터 옷을 입혀요.

 캐릭터 뒷면에 투명 양면테이프를 붙이고, 주머니에 쏙 넣어 보관해요.

 19

용식이 흥부와 깜냥이 놀부 종이놀이북 완성! 여기저기 캐릭터와 소품들을 붙이며 재미있는 《흥부와 놀부》 이야기를 만들어 보아요.

나무꾼

산신령

이웃집 나무꾼

줄거리

가난하지만 마음씨 착한
옹이가 산에서 나무를 베다가
실수로 도끼를 연못에
빠뜨리고 말았어요.

이 금도끼가 네 도끼냐?

아닙니다.

그때 연못에서 산신령이
나타나 금도끼를 들고
물었어요.

그럼 이 은도끼가 네 도끼냐?

아닙니다.

옹이의 대답을 들은 산신령은
은도끼를 들고 다시 물었어요.

제 도끼는
쇠도끼
입니다.

옹이는 산신령의 질문에
솔직하게 대답했어요.

아주 착하구나! 다 선물로 주마!

옹이의 솔직함에 감동받은
산신령은 금도끼, 은도끼,
쇠도끼를 모두 주었어요.

그 소문을 들은 욕심쟁이
미미는 산에 가서 일부러
도끼를 연못에 던졌어요.

이 도끼들이
네 것이냐?

네, 맞습니다!

이번에도 산신령이 금도끼와
은도끼를 들고 나타났지요.

거짓말!

하지만 미미의 거짓말에 화난
산신령은 아무 도끼도 주지
않고, 휙 사라져 버렸답니다.

02 정직한 마음이 가져온 선물! 금도끼 은도끼 종이놀이북

영상을 보며 따라해요!

만들기 영상

옹이는 숲에서 부지런히 나무를 하다가 그만 도끼를 연못에 빠뜨리고 말았어요. 속상한 마음에 엉엉 울고 있는데 누군가 연못에서 뽕! 하고 나타났답니다. 도대체 누가 나타난 걸까요?

금도끼가 네 도끼냐?

금도끼 은도끼

만들기 재료

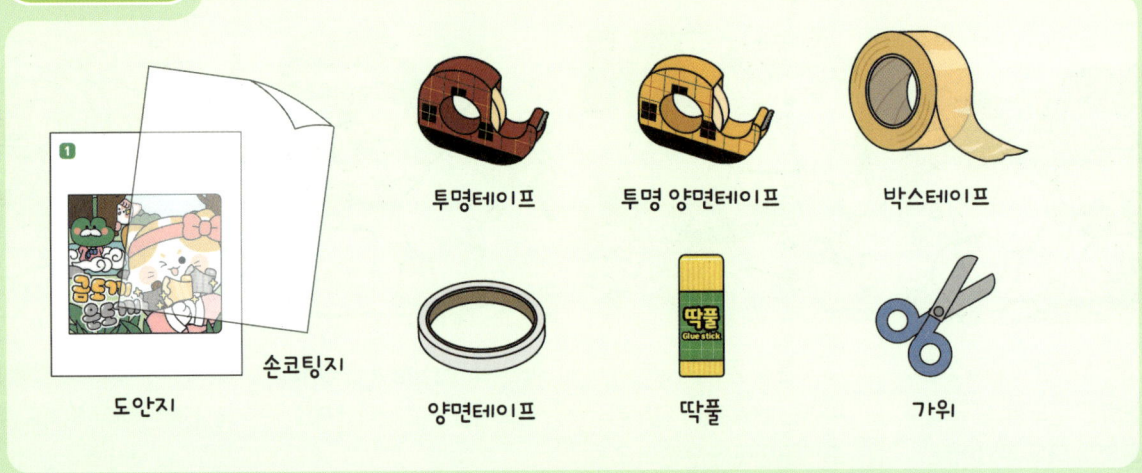

도안지   손코팅지   투명테이프   투명 양면테이프   박스테이프

양면테이프   딱풀   가위

01

도안에 나와 있는 기호를 참고하여 코팅해요.

💡 헷갈린다면 8쪽의 만들기 기호 설명을
다시 한번 읽어 보세요.

02

코팅한 도안을 예쁘게 오려요.

03

뒷면에 숫자가 적힌 도안을 준비해요. 뒷면에 풀
을 바르고, 같은 숫자끼리 마주 보게 붙여요.

04

앞서 붙인 **1**, **2** 도안을 나란히 놓고, 가운데를
투명테이프로 연결해요.

💡 두 도안 사이에 살짝 틈이 있게 붙이면
책이 잘 접혀요.

 05

연결한 도안을 덮고, 책등에 투명테이프를 감싸듯 붙여서 튼튼하게 만들어요.

 06

연못 도안 뒷면에 양면테이프를 붙인 다음, 투명 그림 위에 고정시켜요.

 연못 뒤로 연기 막대가 쏙 들어가요.

 07

투명한 연기 그림 위에 같은 그림의 도안을 겹쳐요. 그리고 연기의 왼쪽, 오른쪽, 아래쪽에만 투명 테이프를 붙여요.

 연기 뒤로 캐릭터가 쏙 들어가요.

 08

지게에 짧은 검은색 선이 있어요. 이 선에 맞춰 끈을 올리고, 위쪽에만 투명테이프를 붙여요. 그리고 지게를 멜 수 있도록 빨갛게 표시된 부분에 투명 양면테이프를 붙여요.

 끈의 안쪽과 바깥쪽 모두 테이프를 붙여야 튼튼해요.

 09

소품 도안 뒷면에 투명 양면테이프를 붙인 다음,
책에다가 정리해요.

 10

뒤표지의 투명한 주머니 그림 위에 같은 그림의
도안을 겹쳐요. 그리고 주머니의 왼쪽, 오른쪽,
아래쪽에만 투명테이프를 붙여요.

 11

투명 양면테이프를 이용해 캐릭터 옷을 입혀요.

 캐릭터 뒷면에 투명 양면테이프를 붙이고,
주머니에 쏙 넣어 보관해요.

 12

옹이의 금도끼 은도끼 종이놀이북 완성! 여기저
기 캐릭터와 소품들을 붙이며 재미있는 《금도끼
은도끼》 이야기를 만들어 보아요.

 꾸리의 화난 표정과 눈물 소품도 활용해 보세요.

자라

토끼

용왕

용궁 의원

용궁 신하

줄거리

토끼의 간이 필요합니다.

옛날 옛적에 바다 나라
용왕님이 병에 걸려
신하들이 걱정했어요.

부기는 용왕님에게 필요한
토끼의 간을 찾으러
육지로 떠났지요.

용왕님의
생일 파티에
함께 가요!

부기는 거짓말로
뚠이를 속이고,
용궁으로 데려갔어요.

아이고, 내가 속았구나!!

용궁에 붙잡힌 뚠이는
그제야 부기에게 속은 걸
알게 되었어요.

용왕님,
제 간은
육지에
있답니다.

하지만 똑똑한 뚠이는
꾀를 내어 빠져나갈 방법을
생각해 냈어요.

어쩔 수 없이 부기와 뚠이는
다시 육지로 떠나게 되었어요.

바보! 간은
내 배 안에 있지!

육지에 도착하자마자
뚠이는 재빨리 도망쳐
버렸어요.

부기는 아무리 쫓아도 뚠이를
잡지 못해 엉엉 울면서
바다로 돌아갔답니다.

03 지혜로운 꾀, 목숨을 살리다!
별주부전 종이놀이북

영상을 보며
따라해요!

만들기 영상

깊은 바닷속, 병이 난 용왕님이 끙끙 앓고 있었어요. 토끼의 간이 필요하다는 의원의 말에 충직한
부기는 곧장 토끼를 찾으러 떠났답니다. 과연 부기는 토끼를 데려올 수 있을까요?

만들기 재료

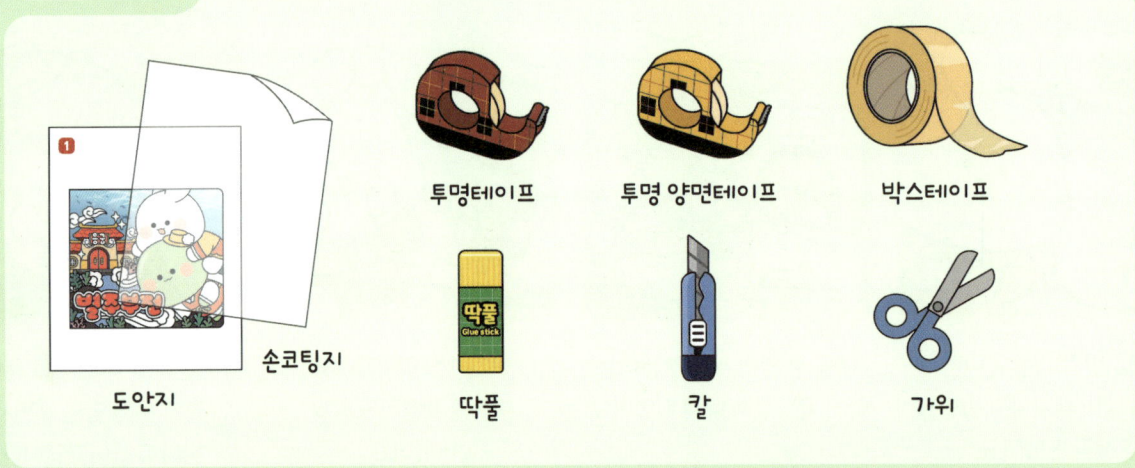

도안지 손코팅지 투명테이프 투명 양면테이프 박스테이프 딱풀 칼 가위

01

도안에 나와 있는 기호를 참고하여 코팅해요.

 헷갈린다면 8쪽의 만들기 기호 설명을
다시 한번 읽어 보세요.

02

코팅한 도안을 예쁘게 오려요.

03

뒷면에 숫자가 적힌 도안을 준비해요. 뒷면에 풀
을 바르고, 같은 숫자끼리 마주 보게 붙여요.

04

앞서 붙인 **2** 도안을 **1** 도안 왼쪽에 놓고, 투명
테이프로 연결해요.

 두 도안 사이에 살짝 틈이 있게 붙이면
책이 잘 접혀요.

05

연결한 도안을 덮고, 책등에 투명테이프를 감싸듯 붙여서 튼튼하게 만들어요.

06

① 도안 오른쪽에 ③ 도안을 놓고, 가운데를 투명테이프로 연결해요. 남은 도안은 ③ 도안 뒤에 이어 붙여요.

💡 두 도안 사이에 살짝 틈이 있게 붙이면 책이 잘 접혀요.

07

② 도안을 먼저 덮고, 나머지 도안도 덮어요. 그리고 책등에 투명테이프를 감싸듯 붙여서 튼튼하게 만들어요.

08

용궁 문을 반으로 잘라요. 그리고 문을 열었다, 닫았다 할 수 있도록 문의 왼쪽과 오른쪽에만 투명테이프를 붙여요.

💡 문의 안쪽과 바깥쪽 모두 테이프를 붙여야 튼튼해요.

09

칠판을 올렸다, 내렸다 할 수 있도록 칠판 위쪽에만 투명테이프를 붙여요.

💡 칠판의 안쪽과 바깥쪽 모두 테이프를 붙여야 튼튼해요.

10

소품 도안 뒷면에 투명 양면테이프를 붙인 다음, 책에다가 정리해요.

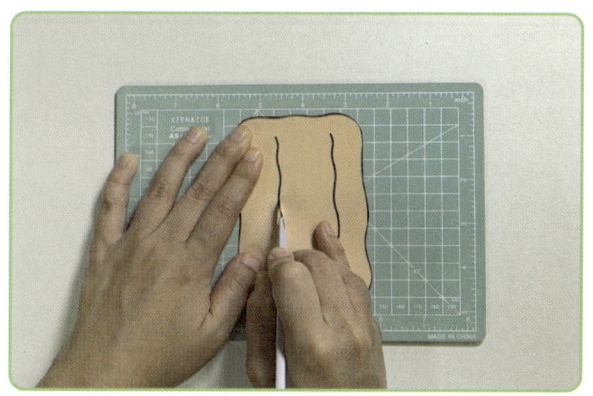

11

검은색 선을 따라 칼집을 내요.

💡 칼은 위험하니까 어른의 도움을 받아요!

12

투명한 밭 그림 위에 같은 그림의 도안을 겹쳐요. 그리고 밭의 왼쪽과 오른쪽에만 투명테이프를 붙여요.

 13

나무 아래쪽을 초록색 선에 맞추고, 그 아래쪽에
만 투명테이프를 붙여요. 이때 도안 안쪽과 바깥
쪽 모두 테이프를 붙여야 튼튼해요.

 책을 덮을 때, 맨 위의 나무는 책 안쪽으로 내려서
보관해요.

 14

투명한 풀 그림 위에 같은 그림의 도안을 겹치고,
풀 아래쪽에만 투명테이프를 붙여요. 이때 도안
안쪽과 바깥쪽 모두 테이프를 붙여야 튼튼해요.

 책을 덮을 때, 나무 미끄럼틀은 책 안쪽으로
내려서 보관해요.

 15

소품 도안 뒷면에 투명 양면테이프를 붙인 다음,
책에다가 정리해요.

 밭에 칼집을 낸 곳에 당근이 쏙 들어가요.

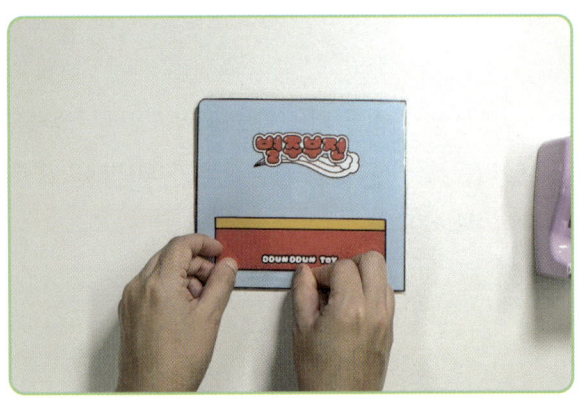

 16

뒤표지의 투명한 주머니 그림 위에 같은 그림의
도안을 겹쳐요. 그리고 주머니의 왼쪽, 오른쪽,
아래쪽에만 투명테이프를 붙여요.

 17

투명 양면테이프를 이용해 캐릭터 옷을 입혀요.

 캐릭터 뒷면에 투명 양면테이프를 붙이고,
주머니에 쏙 넣어 보관해요.

 18

꾀 많은 뚠이 토끼의 별주부전 종이놀이북 완성!
여기저기 캐릭터와 소품들을 붙이며 재미있는
《별주부전》 이야기를 만들어 보아요.

◆ 혹부리 영감 ◆

◆ 이웃집 혹부리 영감 ◆

◆ 도깨비 ◆

이웃

이웃

줄거리

어느 마을에
혹부리 영감님이라 불리는
달봉이와 탱이가
살고 있었어요.

하루는 마음씨 착한 달봉이가
산에 나무를 하러 갔는데,
그만 날이 어두워지고
말았어요.

어쩔 수 없이 달봉이는
허름한 초가집에 잠시
머물렀어요. 심심해서
노래도 불렀지요.

혹에서요…

그 고운
소리는 어디서
나오는 거지?

얼마 지나지 않아, 달봉이의
감미로운 노랫소리에 빠진
도깨비들이 찾아왔어요.

도깨비들은 금은보화를
선물로 주고, 달봉이의 혹을
떼어 갔답니다.

그 소식을 들은 이웃집
욕심쟁이 탱이도 그곳을
찾아가 노래를 불렀어요.

그럼요! 제 혹도
드릴까요?

그 소리도
혹에서 나오는
건가?

이번에도 도깨비들이 찾아와
노랫소리에 대해 물었지요.

또 거짓말!!

혹에서는
고운 소리가
나지 않아!

하지만 도깨비들은 불같이
화를 내며 탱이에게 혹을
하나 더 붙여 버렸답니다.

04 혹 하나에 웃고 울다!
혹부리 영감님 종이놀이북

영상을 보며 따라해요!

만들기 영상

노래 잘하기로 소문난 달봉이는 나무를 하다가 날이 어두워져 허름한 집에 머물기로 했어요.
심심한 나머지 흥얼흥얼 노래를 불렀는데, 누군가 살며시 다가왔답니다! 대체 누구일까요?

만들기 재료

도안지

손코팅지

투명테이프

투명 양면테이프

박스테이프

딱풀

가위

01

도안에 나와 있는 기호를 참고하여 코팅해요.

 헷갈린다면 8쪽의 만들기 기호 설명을
다시 한번 읽어 보세요.

02

코팅한 도안을 예쁘게 오려요.

03

뒷면에 숫자가 적힌 도안을 준비해요. 뒷면에 풀
을 바르고, 같은 숫자끼리 마주 보게 붙여요.

04

앞서 붙인 **1** , **2** 도안을 나란히 놓고, 가운데를
투명테이프로 연결해요. 남은 도안도 뒤에 순서
대로 이어 붙여요.

 두 도안 사이에 살짝 틈이 있게 붙이면
책이 잘 접혀요.

05

연결한 도안을 덮고, 책등에 투명테이프를 감싸듯 붙여서 튼튼하게 만들어요.

06

소품 도안 뒷면에 투명 양면테이프를 붙인 다음, 책에다가 정리해요.

07

투명한 풀 그림 위에 같은 그림의 도안을 겹쳐요. 그리고 도깨비들이 숨을 수 있도록 풀의 왼쪽, 오른쪽, 아래쪽에만 투명테이프를 붙여요.

 풀 뒤로 캐릭터가 쏙 들어가요.

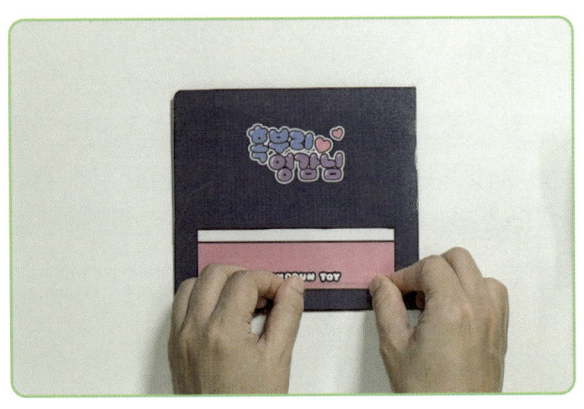

08

뒤표지의 투명한 주머니 그림 위에 같은 그림의 도안을 겹쳐요. 그리고 주머니의 왼쪽, 오른쪽, 아래쪽에만 투명테이프를 붙여요.

 09

지게에 짧은 검은색 선이 있어요. 이 선에 맞춰 끈을 올리고, 위쪽에만 투명테이프를 붙여요. 그리고 지게를 멜 수 있도록 빨갛게 표시된 부분에 투명 양면테이프를 붙여요.

 끈의 안쪽과 바깥쪽 모두 테이프를 붙여야 튼튼해요.

 10

투명 양면테이프를 이용해 캐릭터 옷을 입혀요.

 캐릭터 뒷면에 투명 양면테이프를 붙이고, 주머니에 쏙 넣어 보관해요.

 11

투명 양면테이프를 이용해 카드 앞면과 뒷면에 소품을 붙여요.

 카드는 주머니에 쏙 넣어 보관해요.

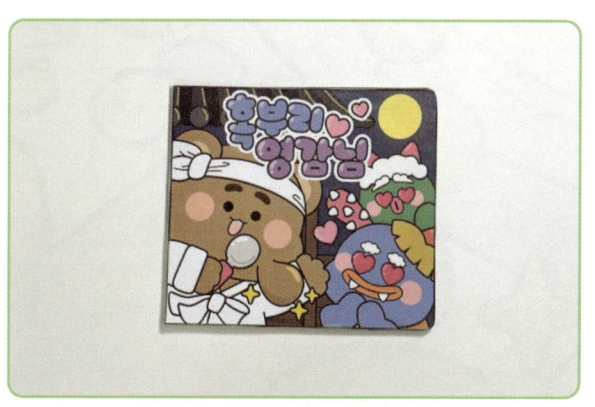

 12

달봉이, 탱이 혹부리 영감님의 종이놀이북 완성! 여기저기 캐릭터와 소품들을 붙이며 재미있는 《혹부리 영감님》 이야기를 만들어 보아요.

착한 농부

나그네

욕심쟁이 부자

줄거리

우리 집은 안 돼!

추위와 배고픔에 지친
나그네 제리가 부자인 하니를
찾아갔지만, 바로 매몰차게
쫓겨나고 말았어요.

오갈 곳 없이 떠돌던 제리는
그만 길에서 쓰러져 버렸지요.

이를 발견한 포포는 제리를
집으로 데려가
따스하게 보살폈어요.

가진 게 이 요술 맷돌뿐이에요.

기운을 차린 제리는 고마운
마음을 담아 포포에게 맷돌을
선물로 주었어요.

우와!

포포가 쌀과 옷, 돈 등을
생각하며 맷돌을 돌리자,
그 물건들이 쏟아졌어요.

그 소문을 들은 욕심쟁이
하니는 포포 몰래 맷돌을
훔쳐서 도망갔어요.

소금 나와라~!

하니는 아무도 자신을
찾지 못하게 배를 타고
바다로 나아갔지요.

하니 살려!

하니는 계속 소금을 생각하며
맷돌을 돌렸고, 결국 배가
밑으로 가라앉고 말았어요.

05 바닷물이 소금처럼 짠 이유는?!
소금 나오는 맷돌 종이놀이북

영상을 보며 따라해요!

만들기 영상

옛날 어느 마을에 생각하는 물건이 그대로 나오는 요술 맷돌이 있었어요. 그 소문을 들은 욕심쟁이 부자 하니가 요술 맷돌을 탐냈지요. 과연 하니는 무슨 일을 벌이려는 걸까요?

고마우니 요술 맷돌을 선물로 주겠네~

만들기 재료

도안지 　　손코팅지　　투명테이프　　투명 양면테이프　　박스테이프　　양면테이프
　　딱풀　　칼　　가위

 01

도안에 나와 있는 기호를 참고하여 코팅해요.

 헷갈린다면 8쪽의 만들기 기호 설명을
다시 한번 읽어 보세요.

 02

코팅한 도안을 예쁘게 오려요.

 03

뒷면에 숫자가 적힌 도안을 준비해요. 뒷면에 풀
을 바르고, 같은 숫자끼리 마주 보게 붙여요.

 04

앞서 붙인 **1**, **2** 도안을 나란히 놓고, 가운데를
투명테이프로 연결해요. 남은 도안도 뒤에 이어
붙여요.

 두 도안 사이에 살짝 틈이 있게 붙이면
책이 잘 접혀요.

05

연결한 도안을 덮고, 책등에 투명테이프를 감싸듯 붙여서 튼튼하게 만들어요.

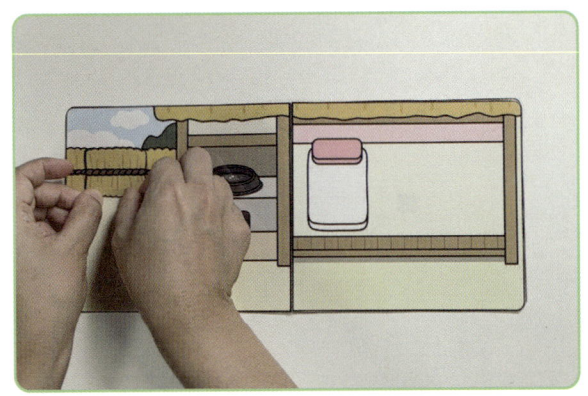

06

투명한 짚단 그림 위에 같은 그림의 도안을 겹쳐요. 그리고 짚단의 왼쪽, 오른쪽, 아래쪽에만 투명테이프를 붙여요.

 짚단 뒤로 캐릭터가 쏙 들어가요.

07

집을 열었다, 닫았다 할 수 있도록 집 위쪽에만 투명테이프를 붙여요.

 집의 안쪽과 바깥쪽 모두 테이프를 붙여야 튼튼해요.

08

소품 도안 뒷면에 투명 양면테이프를 붙인 다음, 책에다가 정리해요.

 솥 안에 밥공기를 넣고, 장독 안에 간장 종지를 넣어요.

투명한 배 그림 위에 같은 그림의 도안을 겹쳐요.
그리고 도안의 왼쪽과 오른쪽, 아래쪽 테두리를
투명테이프로 감싸듯이 붙여요.

 테이프에 가위집을 내면 곡선 부분도 깔끔하게
붙일 수 있어요.

10

소품 도안 뒷면에 투명 양면테이프를 붙인 다음,
책에다가 정리해요.

11

뒤표지의 투명한 주머니 그림 위에 같은 그림의
도안을 겹쳐요. 그리고 주머니의 왼쪽, 오른쪽,
아래쪽에만 투명테이프를 붙여요.

12

맷돌 도안 중에서 가장 큰 도안을 보면, C 모양의
검은색 선이 2개 있어요. 선을 따라 칼집을 내요.

 칼은 위험하니까 어른의 도움을 받아요!

13

손잡이가 달린 맷돌 도안에 흰색 동그라미가 있어요. 칼을 이용해 그 동그라미를 잘라 맷돌 안에 구멍을 내요.

 칼은 위험하니까 어른의 도움을 받아요!

14

가장 큰 맷돌 도안에 검은색 네모 상자가 있어요. 그 위에 양면테이프를 붙이고, 점선을 따라 접어요. 그리고 그 부분을 손잡이 달린 맷돌 도안의 구멍 안으로 넣어요.

 양면테이프의 종이는 다음 단계에서 떼어 내 주세요.

15

양면테이프의 종이를 떼고, 제일 작은 맷돌 도안을 붙여요.

 맷돌 손잡이를 잡고 돌리면 맷돌이 빙글빙글 돌아가요!

16

투명 양면테이프를 이용해 캐릭터 옷을 입혀요.

 캐릭터 뒷면에 투명 양면테이프를 붙이고, 주머니에 쏙 넣어 보관해요.

17

투명 양면테이프를 이용해 카드 앞면과 뒷면에
소품을 붙여요.

 카드는 주머니에 쏙 넣어 보관해요.

18

착한 포포의 소금 나오는 맷돌 종이놀이북 완성!
여기저기 캐릭터와 소품들을 붙이며 재미있는
《소금 나오는 맷돌》 이야기를 만들어 보아요.

PART 2

뚠뚠토이
종이놀이북
도안

1 흥부와 놀부 종이놀이북

흥부와 놀부

2 흥부와 놀부 종이놀이북

❸ 흥부와 놀부 종이놀이북

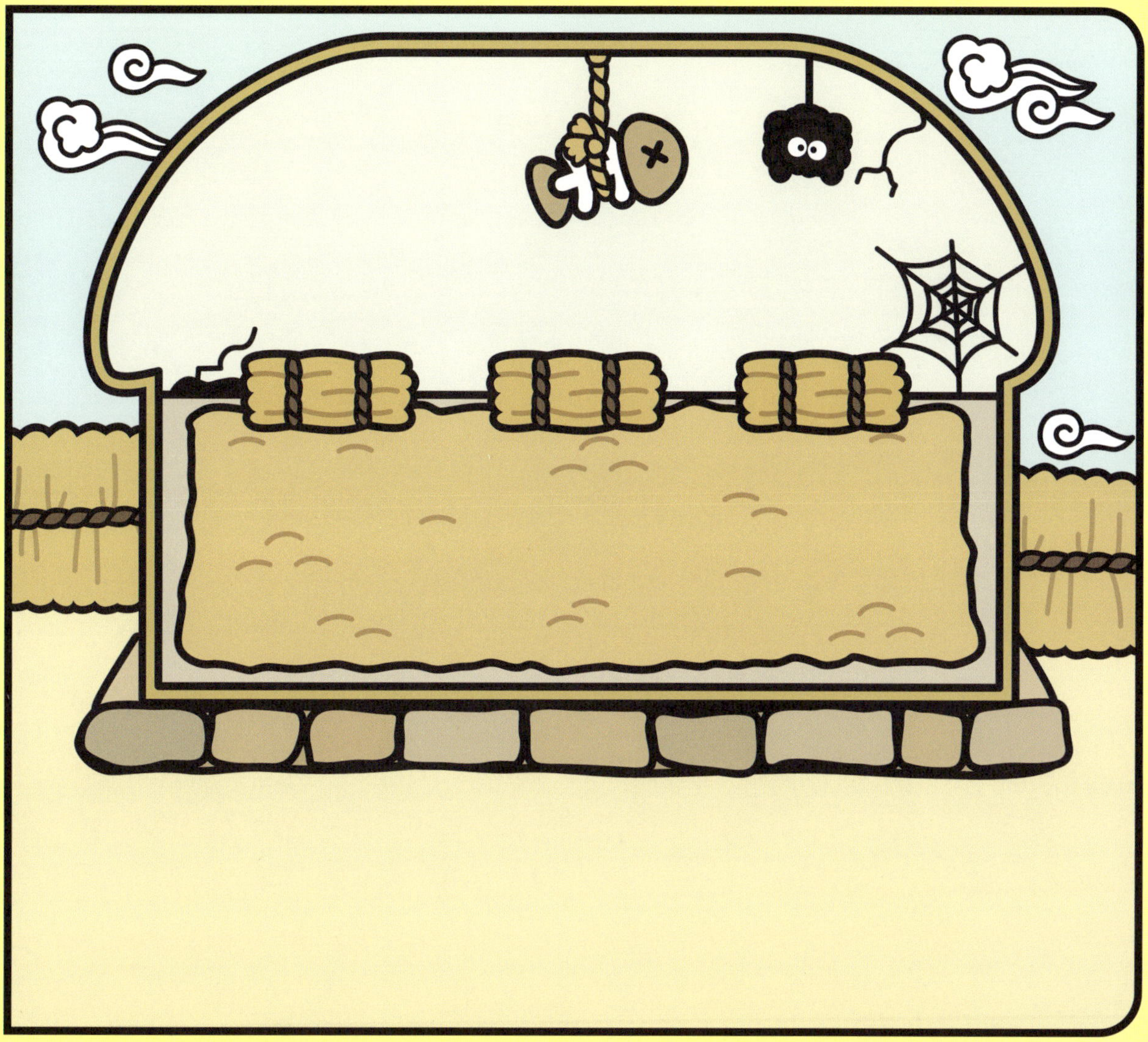

교환권
놀부집과
바꾸기

4 흥부와 놀부 종이놀이북

흥부와 놀부

DDUN DDUN TOY

⑤ 흥부와 놀부 종이놀이북

6 흥부와 놀부 종이놀이북

7 흥부와 놀부 종이놀이북

DDUNDDUN TOY

1 금도끼 은도끼 종이놀이북

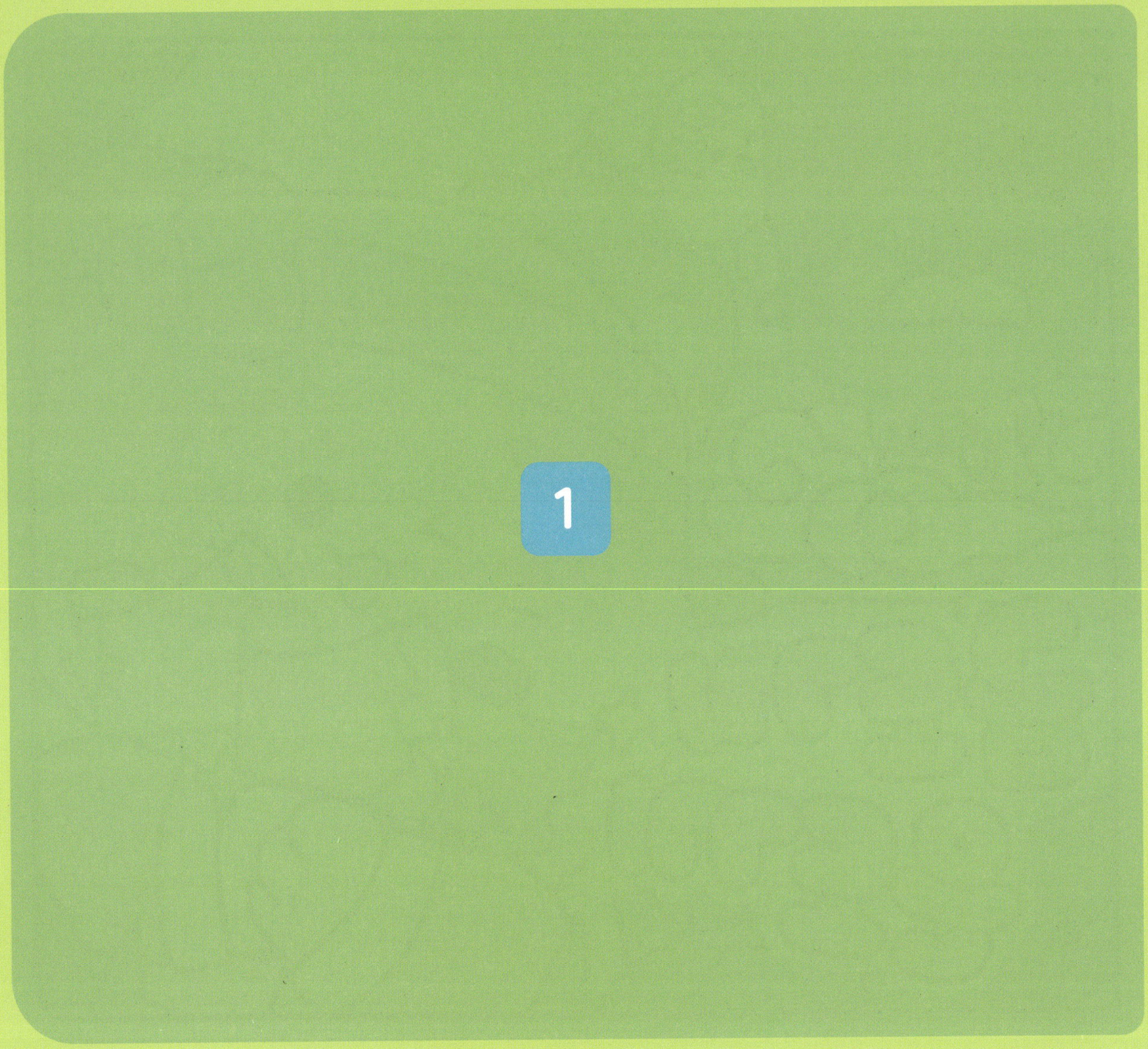
1

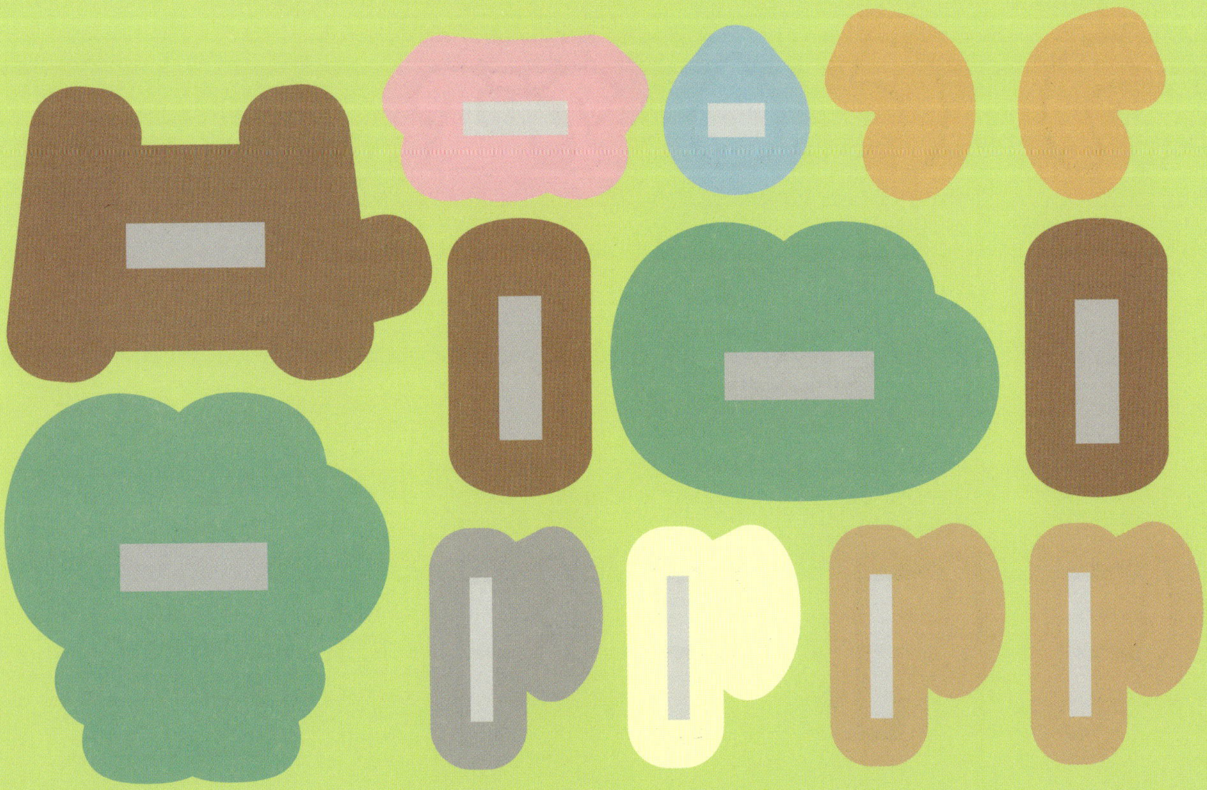

2 금도끼 은도끼 종이놀이북

③ 금도끼 은도끼 종이놀이북

DDUNDDUN TOY

③ 금도끼 은도끼 종이놀이북

금도끼
은도끼

DDUN DDUN TOY

2+

1 별주부전 종이놀이북

② 별주부전 종이놀이북

3 별주부전 종이놀이북

4 별주부전 종이놀이북

5 별주부전 종이놀이북

3

6 별주부전 종이놀이북

코팅지 / 앞면

코팅지 / 앞면

7 별주부전 종이놀이북

코팅지 / 앞면 박스테이프 / 뒷면

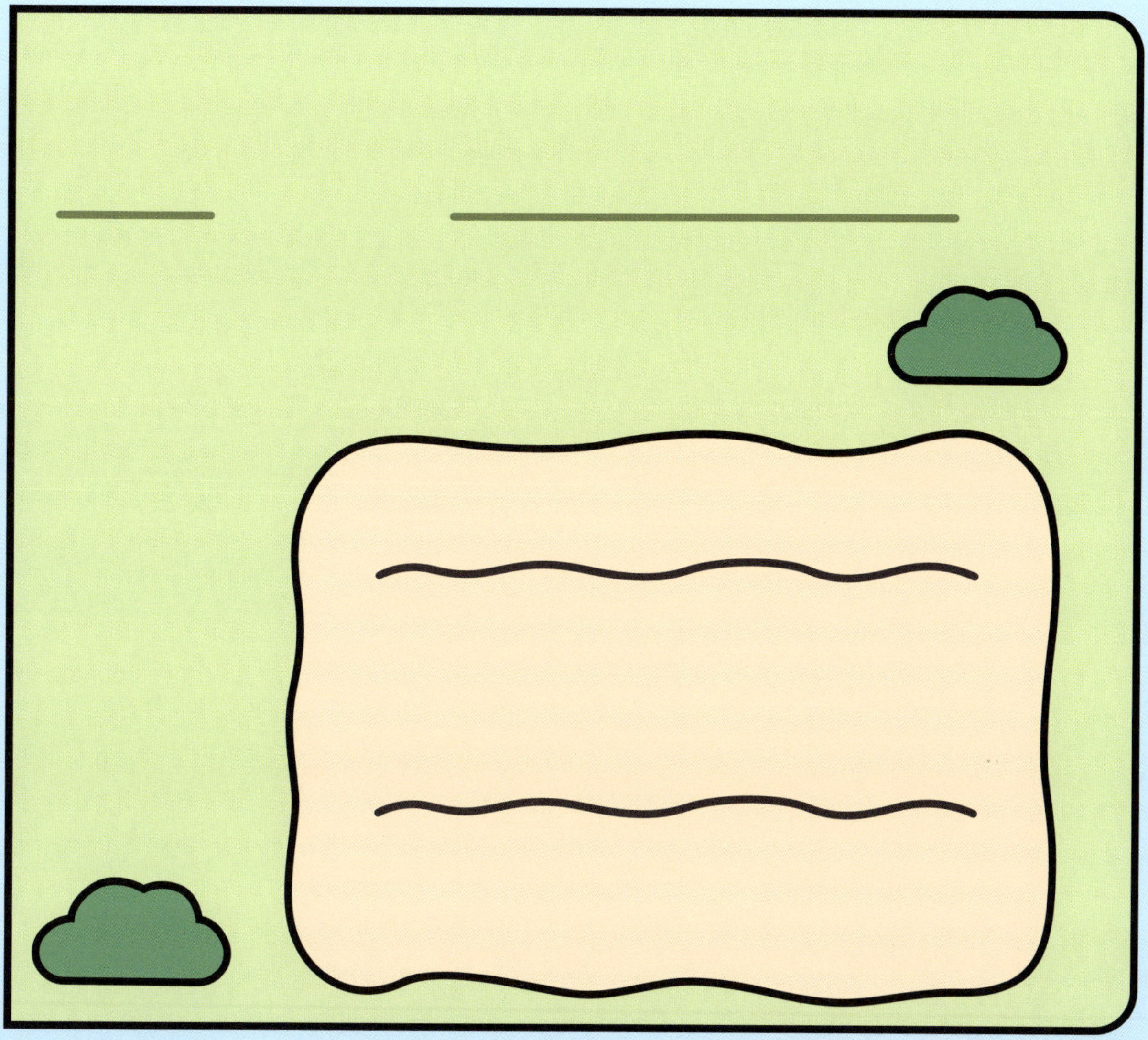

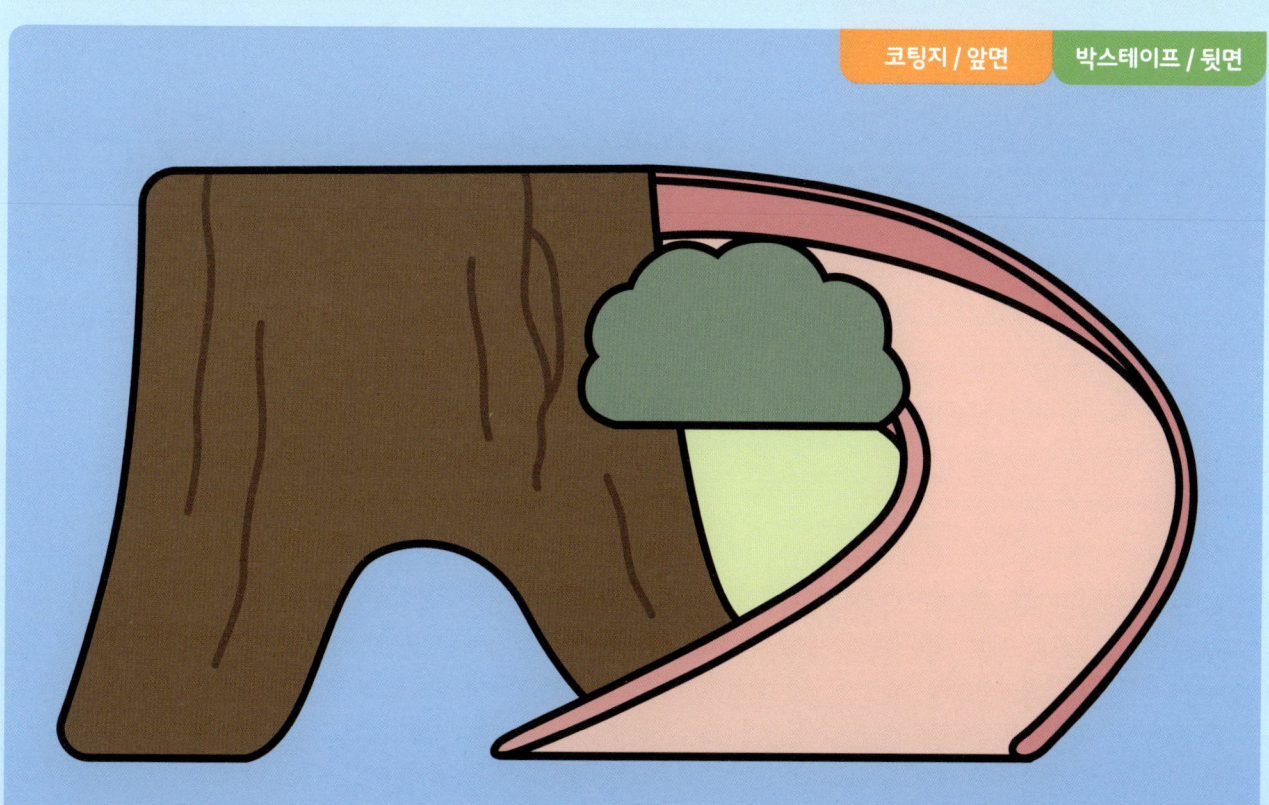

4

8 별주부전 종이놀이북

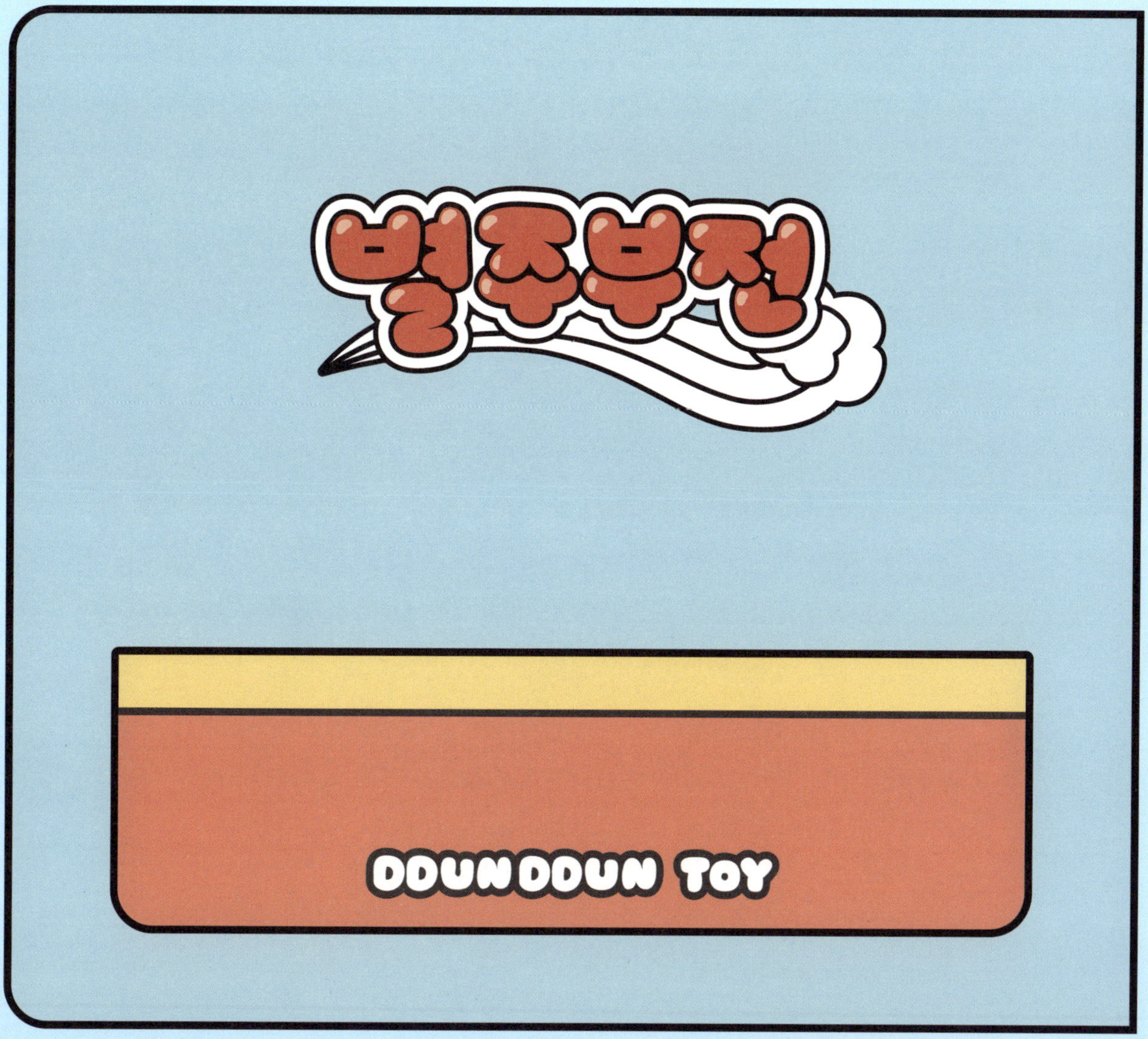
별주부전
DDUNDDUN TOY

코팅지 / 앞면 박스테이프 / 뒷면

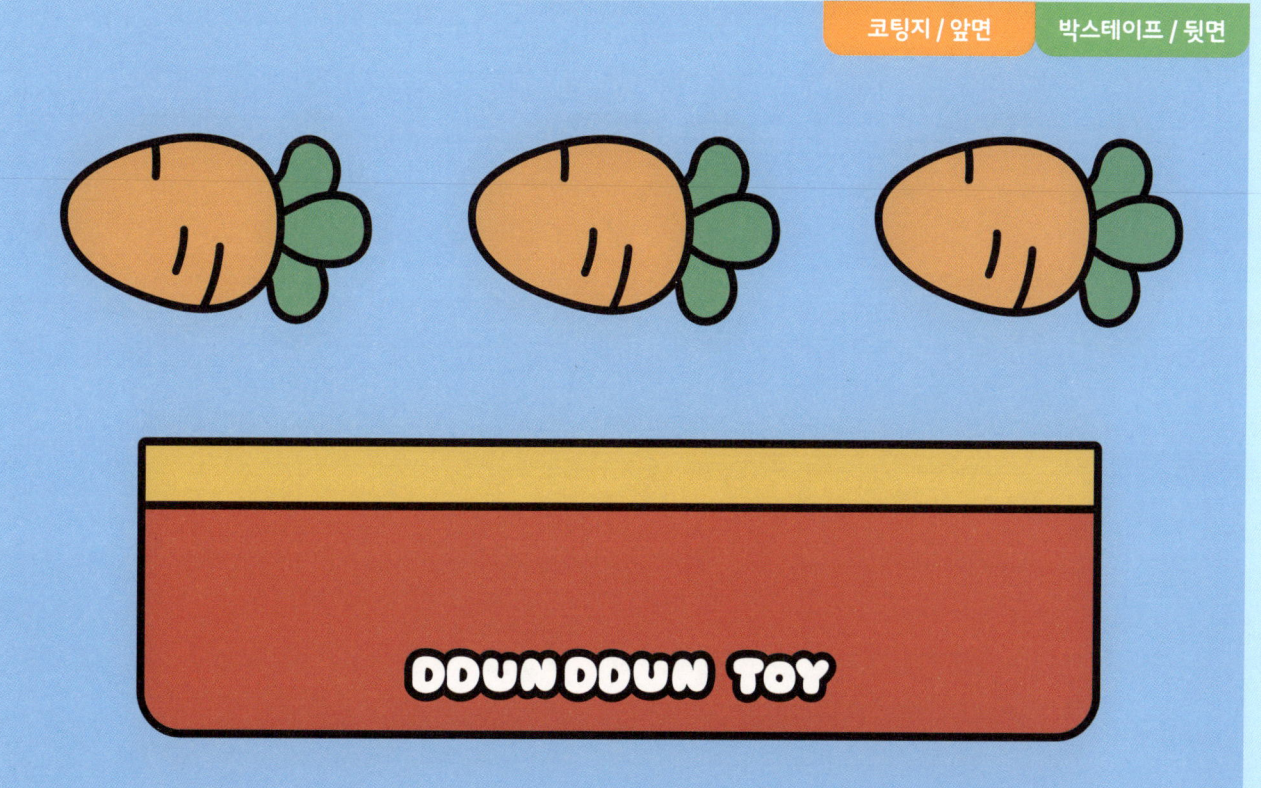

DDUNDDUN TOY

1 혹부리 영감님 종이놀이북

② 혹부리 영감님 종이놀이북

1+

③ 혹부리 영감님 종이놀이북

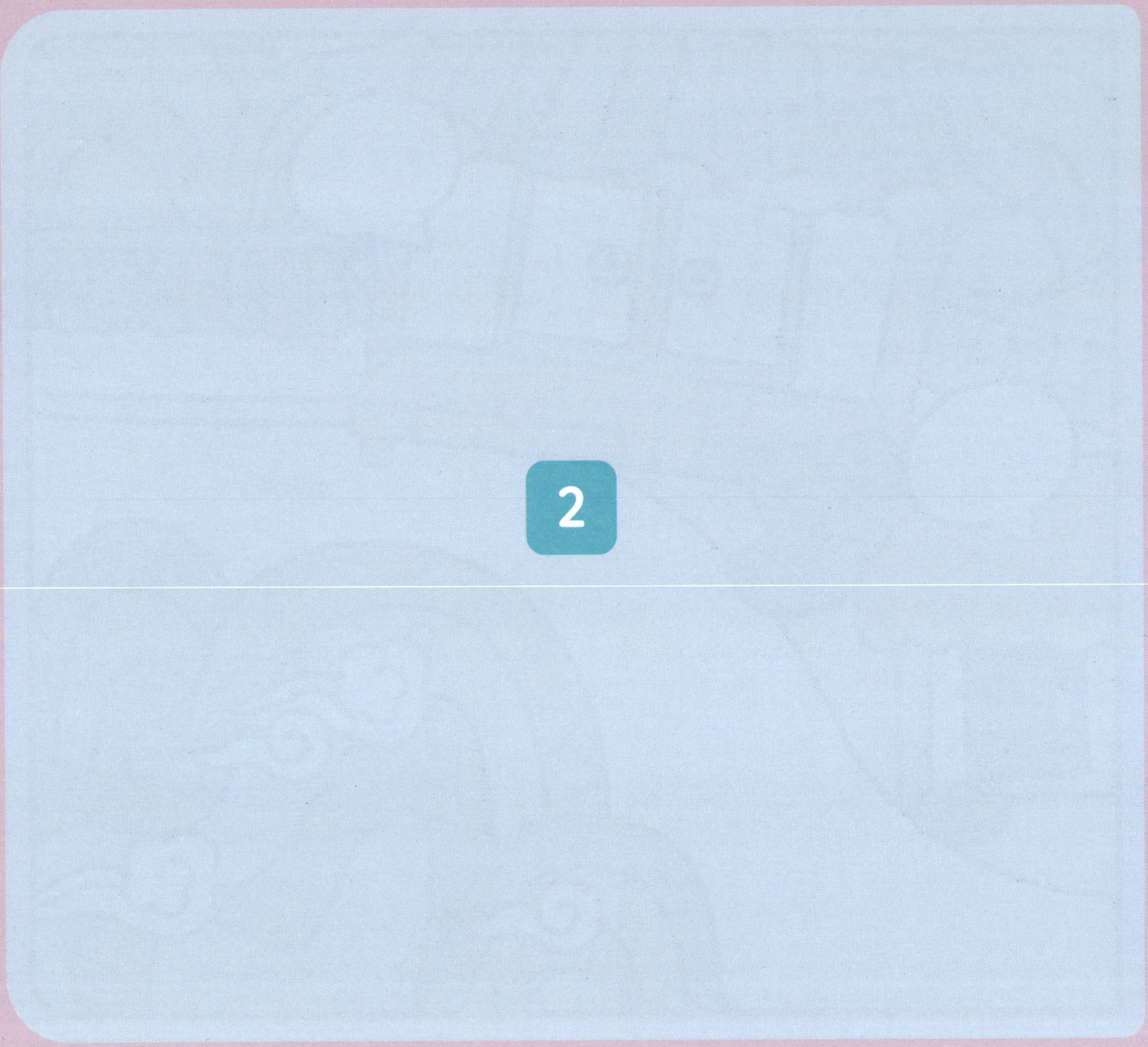

❹ 혹부리 영감님 종이놀이북

5 혹부리 영감님 종이놀이북

6 혹부리 영감님 종이놀이북

코팅지 / 앞면

7 혹부리 영감님 종이놀이북

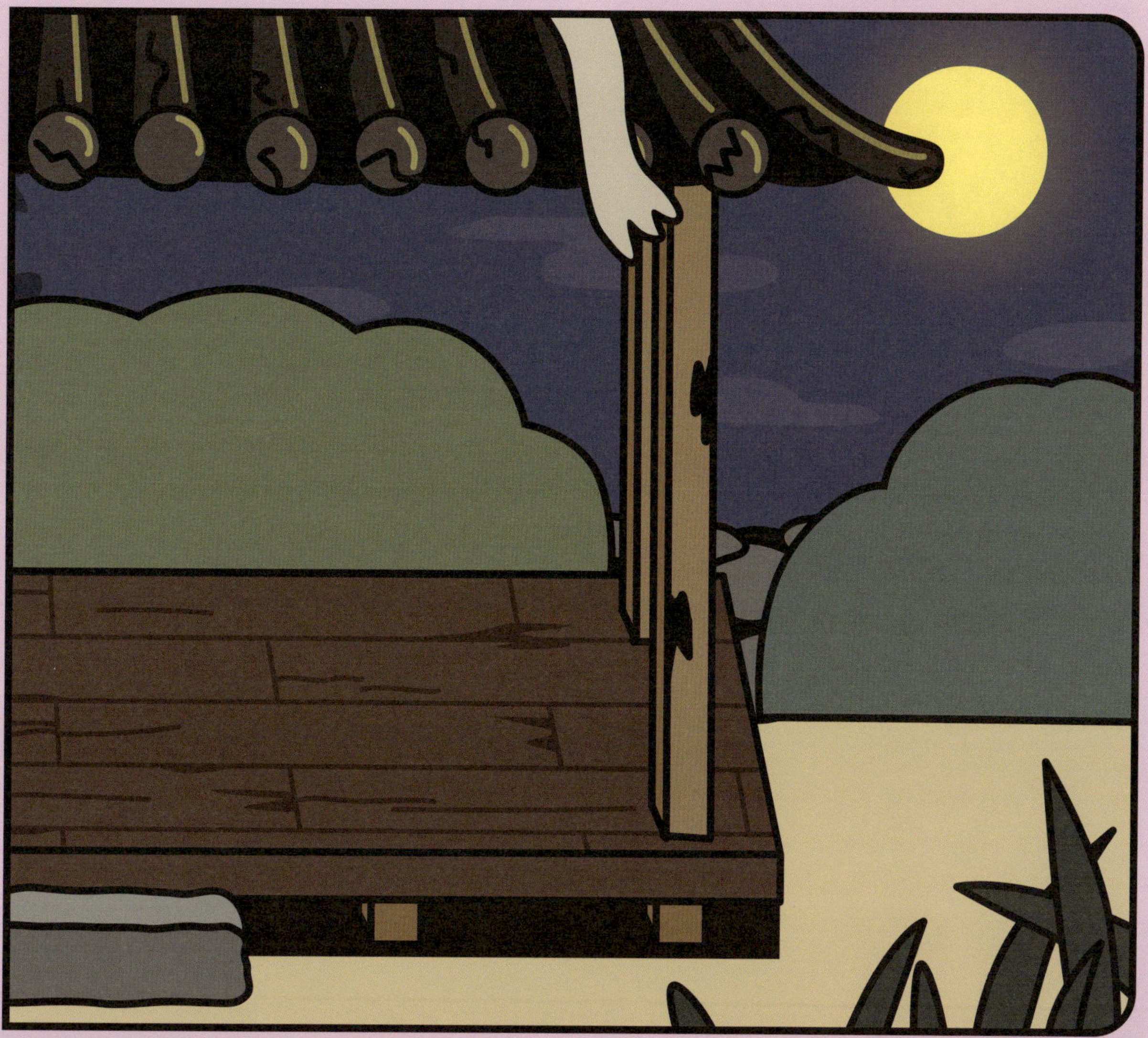

코팅지 / 앞면 박스테이프 / 뒷면

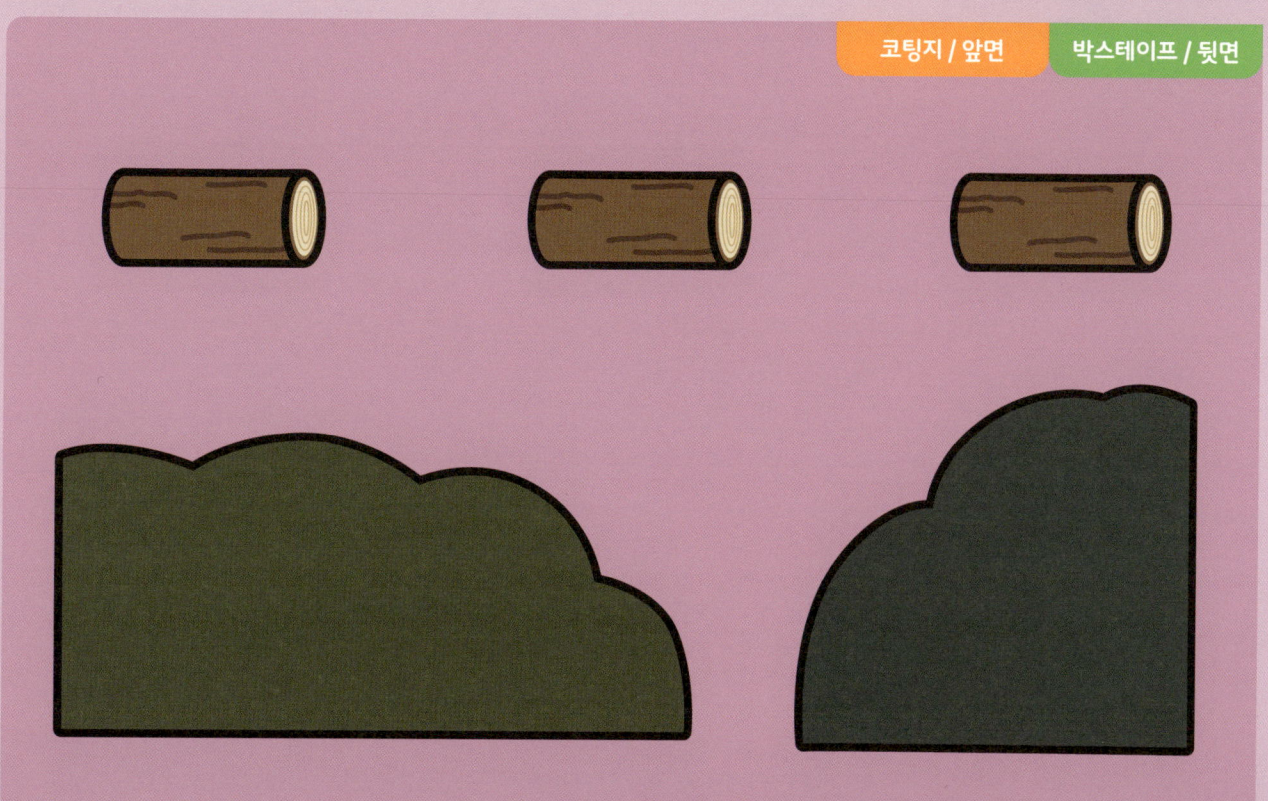

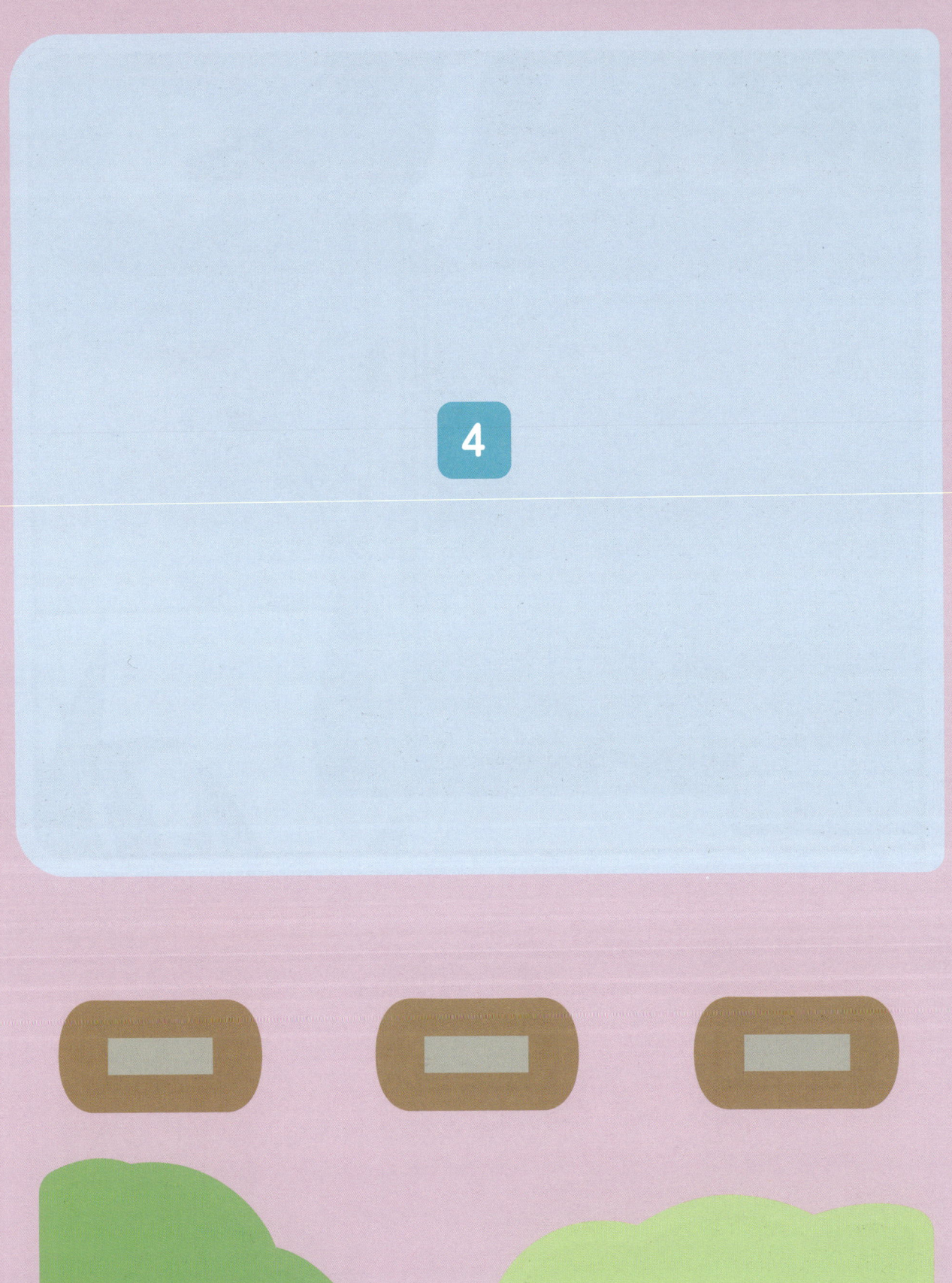

8 혹부리 영감님 종이놀이북

혹부리♥♥
영감님

DDUN DDUN TOY

8 혹부리 영감님 종이놀이북

DDUN DDUN TOY

1 소금 나오는 맷돌 종이놀이북

② 소금 나오는 맷돌 종이놀이북

3 소금 나오는 맷돌 종이놀이북

4 소금 나오는 맷돌 종이놀이북

5 소금 나오는 맷돌 종이놀이북

6 소금 나오는 맷돌 종이놀이북

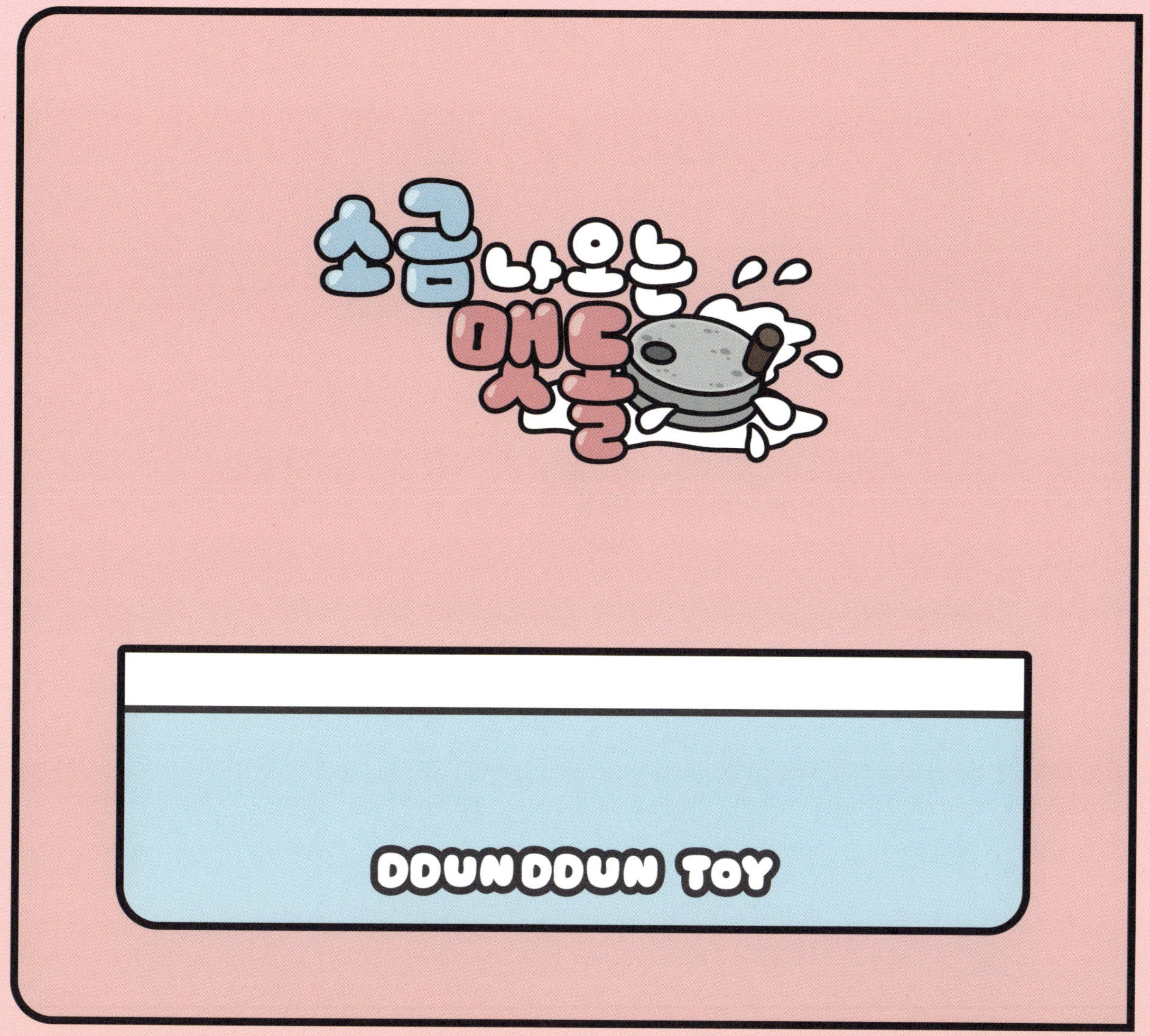

DDUN DDUN TOY

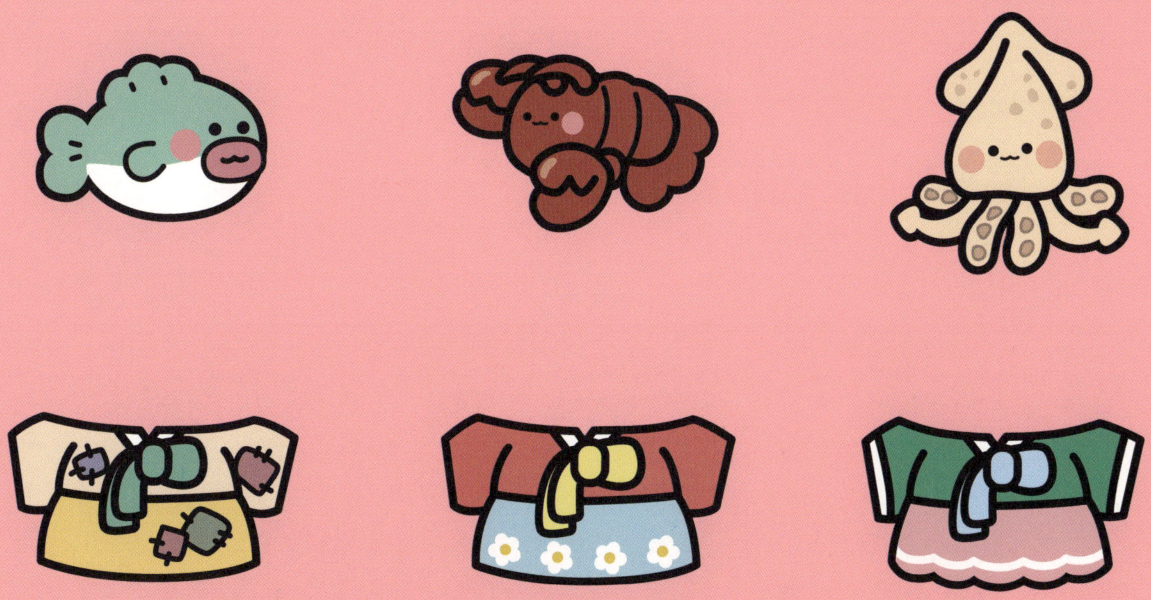

7 소금 나오는 맷돌 종이놀이북

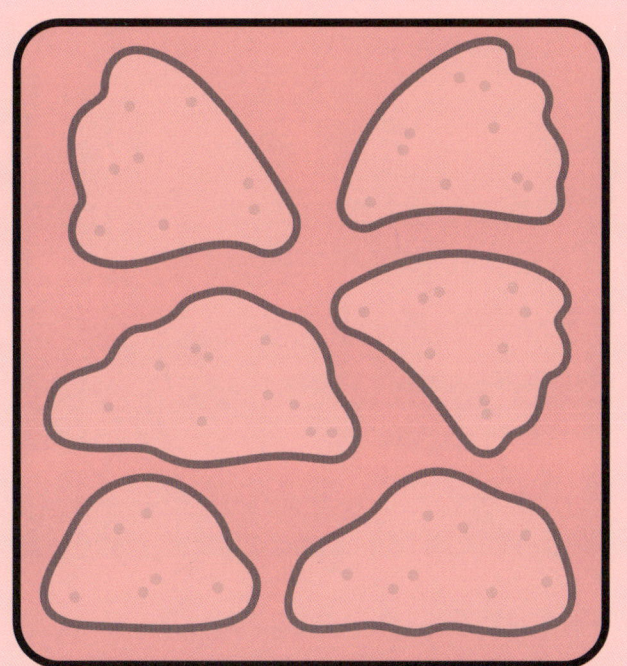

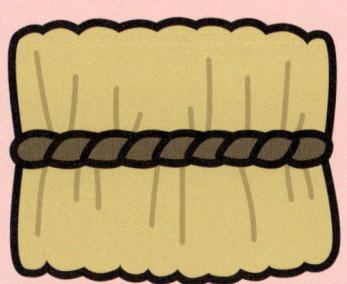

DDUNDDUN TOY

BONUS

뚠뚠토이

컬러링
도안